Michael Hassmann

Innovationshemmnis Mensch? - Ursachen und Lösungsans
Veränderungen

Innovationsmanagement im Informationszeitalter

Michael Hassmann

Innovationshemmnis Mensch? - Ursachen und Lösungsansätze des Widerstands gegen Veränderungen

Innovationsmanagement im Informationszeitalter

GRIN Verlag

Bibliografische Information der Deutschen Nationalbibliothek: Die Deutsche Bibliothek verzeichnet diese Publikation in der Deutschen Nationalbibliografie; detaillierte bibliografische Daten sind im Internet über http://dnb.d-nb.de/ abrufbar.

1. Auflage 2008
Copyright © 2008 GRIN Verlag
http://www.grin.com/
Druck und Bindung: Books on Demand GmbH, Norderstedt Germany
ISBN 978-3-638-92474-0

UNIVERSITÄT DUISBURG-ESSEN

LEHRSTUHL FÜR E-BUSINESS UND E- ENTREPRENEURSHIP

Seminararbeit WS 07/08

Innovationsmanagement im Informationszeitalter

Innovationshemmnis Mensch? - Ursachen und Lösungsansätze des Widerstands gegen Veränderungen

Michael Hassmann

Inhaltsverzeichnis

Abbildungsverzeichnis

Tabellenverzeichnis

Abkürzungsverzeichnis

Abb. .... Abbildung

Bspw. .... Beispielsweise

ebd. .... ebenda

etc. .... et cetera

IT .... Informationstechnologien

o.O. .... Ohne Ortsangabe

s.u. .... siehe unten

u.a. .... unter anderem

UE .... Unternehmensentwicklung

Vgl. .... Vergleiche

z.B. .... Zum Beispiel

1 Die Problematik des organisatorischen Wandels im Informationszeitalter

Strukturwandlungen in Wirtschaft und Gesellschaft werden, abgesehen von Kriegen und Naturkatastrophen, stets durch Innovationen ausgelöst. Phasen des Innovationsreichtums (Aufschwung) wechseln sich mit innovationsarmen Perioden (Depression) ab. Aufgrund der Regelmäßigkeit dieses Abwechselns der Perioden lässt sich die wirtschaftliche Entwicklung durch eine sinusförmige Kurve darstellen, in der Hochkonjunktur durch Wellenberge und Wirtschaftskrisen durch Wellentäler gekennzeichnet sind. Nach den vier geschichtlichen Konjunkturphasen „Dampfmaschine, Eisenbahn, Elektrizität und Automobil" beobachtet man seit Anfang der 90er Jahre, mit der Informationstechnologie als wichtigste Basisinnovation, den 5. Kondratieff-Zyklus (Theorie der zyklischen Wirtschaftsentwicklung nach *Nikolai Kondratjew*).[1] Innovative Informationstechnologien (IT) sorgen seitdem für einen erhöhten Strukturwandel in den Bereichen Wirtschaft und Gesellschaft.[2]

Die Umsetzung von technologisch begründeten Produkt- und Prozessinnovationen kann jedoch für Unternehmen einen enormen organisatorischen Wandel der Unternehmensstruktur bis hin zu einer vollständigen Reorganisation bedeuten. Damit verbunden sind häufig Widerstände und Trägheiten, die das Unternehmen daran hindern, Veränderungen in einer gewünschten Art oder Geschwindigkeit durchzuführen („Organisatorischer Konservatismus").[3]

Das Festhalten am Status Quo und die dadurch verzögerte Anpassung an einer sich immer schneller verändernden Umwelt ist gleichbedeutend mit dem Verlust von Wettbewerbsvorteilen. Bei funktionierenden Marktmechanismen werden Unternehmen daher bei zu langsamer Anpassung durch Wettbewerber vom Markt verdrängt.[4]

Die vorliegende Arbeit geht in diesem Kontext der Frage nach, inwiefern der Mensch ein Innovationshemmnis darstellt bzw. welche weiteren Hemmnisse Innovationen entgegenstehen können. Darüber hinaus soll untersucht werden, wie Veränderungsprozesse trotz Widerstände

---

[1] Vgl. Nefiodow, Leo A. (1991), S. 25ff.; siehe dazu auch Schumpeter (1939).
[2] Vgl. Wirtz, Bernd W. (2000), S. 1.
[3] Vgl. Kieser, Alfred (1998), S. 121.
[4] Vgl. Kieser, Alfred (1998), S. 133.

erfolgreich durchgesetzt werden können. Ziel ist es, durch rechtzeitige Gegenmaßnahmen die Wettbewerbsfähigkeit der Unternehmen zu gewährleisten.

Um dieses Ziel erreichen zu können, wird in einem ersten Schritt auf die Wesensmerkmale von Innovationswiderständen eingegangen. Dabei werden Erscheinungsformen des Widerstands und resultierende Auswirkungen der Innovationswiderstände verdeutlicht. Darauf folgt im dritten Kapitel dieser Arbeit die Ursachenanalyse von Widerständen in Veränderungsprozessen und in einem weiteren Schritt Lösungsansätze zur Überwindung der identifizierten Hemmnisse erläutert.

Abschließend werden im Fazit und der Schlussbetrachtung dieser Arbeit die gewonnenen Erkenntnisse zusammengefasst und kritisch gewürdigt. Dabei soll die oben genannte Fragestellung, neben der Frage nach der Ursache und der Lösung von Veränderungswiderständen, beantwortet werden können.

2 Merkmale von Innovationswiderständen

Die wachsende Bedeutung von innovativen Informationstechnologien ist ein Kennzeichen für den Wandel vom Industriezeitalter zum Informationszeitalter. Produktion und traditionelle Dienstleistungen werden immer mehr vom Produktionsfaktor „Information bzw. Wissen" abgelöst.[5] Das kontinuierliche Anwachsen der Anzahl und Leistung vernetzter Rechner führt zu einer „enormen Zunahme hinsichtlich der über die Datennetze transferierten Bits und Bytes"[6] und damit zu einer enormen Zunahme von Informationen. Der Austausch von digitalisierten Informationen durch die Vernetzung informationstechnischer Systeme ist damit für die zukünftige Gewährleistung des Innovationsprozesses und damit der Wettbewerbsfähigkeit von entscheidender Bedeutung.[7]

---

[5] Vgl. Wirtz, Bernd W. (2000), S. 10f.
[6] Vgl. Kollmann, Tobias (2001), S. 8.
[7] Vgl. Nefiodow, Leo A. (1991), S. 75f.

Innovationen werden jedoch vielfach als Störung und Ärgernis empfunden, da sie oftmals eine „erhebliche Veränderung der bisherigen Arbeitsweise"[8] bedeuten. Der sich daraus entwickelnde Widerstand[9] ist vermehrt im Informationszeitalter anzutreffen, da sich Veränderungsprozesse in einem viel stärkeren Maße durch Schnelligkeit und Radikalität auszeichnen.[10] Die folgenden Kapitel erläutern zunächst in diesem Kontext, welche unterschiedlichen Widerstandsformen existieren und welche Auswirkungen mit Widerständen verbunden sind. Die daraus gewonnenen Erkenntnisse sind Grundlage für die weitere Ursachenforschung von Innovationshemmnissen, welche in Kapitel drei ausführlich untersucht werden.

2.1 Ausprägungsformen von Innovationshemmnissen

Innovationshemmnisse können in vielfacher Art und Weise in Erscheinung treten. Die Tabelle geht auf die Klassifizierung durch *Ralf Klöter* zurück und soll zunächst einen ersten Überblick über die verschiedenen Erscheinungsformen verschaffen.

Tabelle 1: Erscheinungsformen des Widerstands[11]

Aktiv (bewusst) – Passiv (unbewusst)
Direkt – Indirekt
Offen – Verdeckt
Loyal – Opportunistisch
Destruktiv - Konstruktiv

---

[8] Vgl. Hauschildt, Jürgen; Salomo, Sören (2007), S. 178.

[9] Anmerkung: Neben dem Begriff „Widerstand" wird in der Literatur häufig von „Hemmnis, Barriere, Hindernis" sowie „Restriktion" gesprochen. Im weiteren Verlauf der Arbeit wird synonym zu Widerstand ebenfalls der Begriff Hemmnis verwandt, da beide Begriffe die Überwindung von Störpotentialen einzelner Innovationsphasen implizieren. Vgl. Nieder, Peter; Zimmermann, Egon (1992), S. 374f.

[10] Vgl. Österle, Hubert; Winter, Robert (2000), S. 44.

[11] In Anlehnung an *Klöter, Ralf* (1977), S. 133.

Zum einen ist es möglich, Widerstandstypen nach dem Aktivitätsniveau der Opponenten zu unterscheiden. Widerstände gegen Wandel können somit durch bewusstes, aktives Handeln bzw. unbewusstes, passives Unterlassen auftreten.[12] Unbewusster Widerstand wird vom Verursacher meist nicht als solcher empfunden, worin ein erhebliches Problem des Umgangs mit dieser Widerstandsart besteht. Dem gegenüber steht der aktive Widerstand gegen Wandel, in dem sich betroffene Personen bewusst resistent gegenüber Veränderungen verhalten und somit aktiv Stellung beziehen.[13]

Des Weiteren können Resistenzen nach der Vorgehensweise der Opposition differenziert werden. Dazu zählen direkte Widerstände, die sich unmittelbar gegen neue Innovationen oder den Innovator richten und indirekte Widerstände, welche über Umwege Innovationen bekämpfen.[14] Indirekter Widerstand beinhaltet dabei die „Formierung einer kognitiven Resistenz"[15] gegenüber Veränderungen, während direkter Widerstand Kritik gegen Wandel vermitteln soll. Im Zusammenhang mit der verbalen „Formulierung" von Widerständen, spricht man dabei auch von offenen Widerständen.[16]

Da verdeckte Widerstände schwieriger zu identifizieren sind als offene und in über 70%[17] der Fälle in dieser Form auftreten, offenbart dies die Notwendigkeit, Widerstände gegen geplanten Wandel antizipativ zu begegnen, so dass sich diese erst gar nicht bilden können.[18] Als Beispiele für offenen Widerstand können Sabotage, verbale Opposition und Streik angeführt werden. Versteckter Widerstand kann sich demnach in vermindertem Output, der „Zurückhaltung von Informationen", dem „Verlangen nach einer fundierten Datenbasis" sowie durch erhöhten Absentismus und dem Wunsch nach Versetzung äußern.[19]

Eine weitere Ausprägungsform von Innovationshemmnissen kann im loyalen- bzw. opportunistischen Widerstand liegen. Loyaler Widerstand bezieht sich auf die ursprünglichen Interessen und Unternehmensziele, während opportunistischer Widerstand ausschließlich individuelle Nutzenvorstellungen verfolgt.

---

[12] Vgl. O'Connor, Carol A. (1993), S. 32.
[13] Vgl. O'Connor, Carol A. (1993), S. 32.
[14] Vgl. Klöter, Ralf (1977), S. 150 ff.
[15] Vgl. Recardo, Ronald J. (1995), S. 8.
[16] Vgl. ebd. S. 8.
[17] Vgl. ebd. S. 8.
[18] Vgl. Cacaci, Arnaldo (2006), S. 87.
[19] Vgl. Cacaci, Arnaldo (2006), S. 87; Staehle, Wolfgang A. (1999), S. 977.

Letztlich können Widerstände nach ihrer intentionalen Wirkung der Opponenten unterschieden werden. Diese Auswirkungen werden aufgrund ihrer Komplexität und Bedeutung für die weitere Ursachenforschung im folgenden Kapitel näher betrachtet.

2.2   Auswirkungen des Widerstands gegen Innovationen

Innovationen bedeuten Veränderung des Status Quo. Eine intendierte Zustandsverbesserung kann jedoch eine negative Veränderung bedeuten. Konstruktiver bzw. positiver Widerstand versucht dabei eine Innovation zu verbessern, indem offen gegen eine negative Unternehmensentwicklung vorgegangen wird.[20] Widerstände können in dem Zusammenhang auch als ein Warnsignal für Fehlentwicklungen in Unternehmen interpretiert werden.[21] Opposition kann somit effektiv dazu beitragen, Illusionen zu identifizieren und Innovationen bezogen auf die Durchführbarkeit anzupassen. Neben der Abdämpfung einer möglichen „Innovationshast" kann Opposition ebenfalls dazu beitragen, dass an Projekten mit geringen Erfolgsaussichten zu lange festgehalten wird.[22]

Beabsichtigt die Opposition jedoch eine negative Wirkung, so lässt sich neben der genannten Widerstandsform ein destruktiver Widerstand konstatieren. Dieser beruht nach Szmigin/Foxall auf drei aufeinander aufbauenden Effekten.[23] Zunächst wird ein radikaler Widerstand versuchen, Innovationen *zu verhindern*, indem technologische Argumente („Innovation leistet nicht das, was sie behauptet", „Die Innovation kommt zu früh", „Das technische Umfeld ist noch nicht reif für die Innovation")[24], wirtschaftliche Argumente („Zu geringe Nachfrage für das neue Produkt", „Innovationen sind zu riskant und nicht finanzierbar ", „Der bestehende Zustand ist ausreichend")[25], und ökologische Gründe vorgebracht werden. Mit Hilfe von internen und externen Allianzen sollen zusätzlich angestrebte Absichten durchgesetzt

---

[20] Anmerkung: Auf die Problematik der Beurteilung, welche Innovationen bzw. Veränderungen positiv oder negativ für die Entwicklung eines Unternehmens sein können, soll im Folgenden nicht weiter eingegangen werden, da subjektiv gesehen, jeder beurteilte positive Widerstand negativ sein kann und umgekehrt.
[21] Vgl. Kollman, Tobias (2004), S. 344.
[22] Vgl. Hauschildt, Jürgen; Salomo, Sören (2007), S. 183.
[23] Vgl. Szmigin, Isabelle; Foxall, Gordon (1998), S. 459f.
[24] Vgl. Hauschildt, Jürgen; Salomo, Sören (2007), S. 184.
[25] Vgl. Hauschildt, Jürgen; Salomo, Sören (2007), S. 185f.

werden, wobei die Glaubwürdigkeit des Innovators kontinuierlich öffentlich angezweifelt wird.[26]

Der Effekt des *Verzögerns* setzt ein, wenn die Opposition mit der Verhinderungstaktik die Ziele nicht erreichen konnte. Hierbei wird durch eine möglichst lange Verzögerung der Innovation versucht, erneut die Erfolgsbehauptung der Innovatoren in Frage zu stellen. Die Opposition kann dies weniger offen vollziehen und muss sich nicht als Innovationsgegner offenbaren. Durch vorgetäuschte Zustimmung können weitere Untersuchungen, Tests und Gutachten verlangt werden, wodurch ein Veränderungsprozess durch Innovationen erheblich verlangsamt wird.[27]

Die Strategie der *Verformung* setzt nach erfolgloser Verhinderungs- und Verzögerungsstrategie ein. Hierbei wird die ursprüngliche Innovation modifiziert und als Alternative präsentiert. Das Ziel ist die Senkung des Innovationsgehaltes, welche durch die Einflussnahme auf den originären Realisationsprozess und der Durchsetzung der Veränderung erreicht werden soll.[28]

Ist der Initiator der Veränderung der Ansicht, dass die Widerstandsbewegung die Innovation zu Unrecht hemmt, so kann von destruktivem bzw. negativem Widerstand gesprochen werden. Es hängt demnach von der subjektiven Betrachtungsweise ab, welche Haltung angenommen wird.[29] Aufgrund der einleitenden Fragestellung, wie *Innovationshemmnisse* überwunden werden können und wie mit *organisatorischem Konservatismus* umzugehen ist, soll die nachfolgende Betrachtung auf der negativen Form des Widerstands basieren, welche hemmend auf die zukünftige Unternehmensentwicklung wirkt.

---

[26] Vgl. Szmigin, Isabelle; Foxall, Gordon (1998), S. 459f.
[27] Vgl. ebd. S. 459f.
[28] Vgl. ebd. S. 459f.
[29] Vgl. Cacaci, Arnaldo (2006), S. 90.

3   Ursachen von Veränderungswiderständen

Die vorangegangenen Kapitel haben gezeigt, dass innovative Informationstechnologien durch Digitalisierung und Vernetzung zu erheblichen Veränderungen der Kommunikations- und Informationslandschaft geführt haben. Der kontinuierliche Wandel vom Industrie- zum Informationszeitalter bedeutet dabei einen stetigen Verlust an Stabilität, da Althergebrachtes durch Neues und Unbekanntes abgelöst wird.[30] Bei einer komplexen und ungewissen zukünftigen Unternehmensentwicklung und dem Bedürfnis des Menschen nach Kontinuität und Sicherheit (Konservatismus) ist daher mit Widerständen und Trägheiten zu rechnen.[31]

Ausgehend von der ursprünglichen Fragestellung soll durch Abbildung 1 zunächst ein erster Überblick über die Ursachen von Innovationshemmnissen gegeben werden.

Abbildung 1: Ursachen von organisatorischem Konservatismus[32]

Unternehmensinterne Ursachen				Unternehmensexterne Ursachen
Verhaltensebene		**Systemebene**		• Gesetzgebung
				• Technikangebot
				• Soziokulturelle Normen
Verhaltens-widerstände	Verhaltens-trägheit	System-widerstände	System-trägheit	und Werte
				• Verhalten „externer Ressourcengeber"

In den Kapiteln 3.1 und 3.2 werden im Folgenden Gründe für unternehmensinterne Innovationswiderstände und Trägheiten auf der Ebene des Individuums (Verhaltensebene) und von Organisationen (Systemebene) analysiert. Erklärungsfaktoren für externe Innovationshemmnisse werden daraufhin in Kapitel 3.3 beleuchtet.

---

[30] Zwick, Thomas (2002), S. 358.
[31] Wersig, Gernot (1996), S. 17ff.; Kieser, Alfred; Hegele, Cornelia (1998), S. 122.
[32] In Anlehnung an Kieser, Alfred; Hegele, Cornelia (1998), S. 123.

3.1 Ursachen auf der Ebene menschlichen Verhaltens

Die Unterscheidung der Ebene menschlichen Verhaltens von der Organisationsebene beinhaltet die Annahme, dass Ursachen von Innovationshemmnissen nicht nur im Verhalten von Individuen oder Gruppen liegen, sondern auch durch Systemeigenschaften begründet sind. Um diese Annahme bestätigen zu können, werden in einem ersten Schritt zunächst die Ursachen für Widerstände auf der Verhaltensebene analysiert, um danach mit der Betrachtung auf Systemebene ein abschließendes Urteil geben zu können.

3.1.1 Widerstände im Verhalten von Individuen

Verhaltenswiderstände resultieren zunächst aus der Gefahr durch Interessensdivergenzen zwischen Individuen oder Gruppen und dem Initiator der Innovation.[33] Dabei ist vor allem der Aspekt der Unsicherheit hervorzuheben, der zu Angst vor einem ungewissen Ausgang der Veränderung führt. Aufgrund organisatorischer Veränderungen entstehen Ängste vor einem Verlust des Arbeitsplatzes, vor veränderten Machtstrukturen und damit evtl. verbundenen Lohneinbußen (Ökonomische Widerstandsursachen), die wiederum das Bedürfnis nach Sicherheit und sozialer Anerkennung bedrohen (Sozialpsychologische Ursachen von Widerständen).[34] Ursachen dieser Ängste können unter anderem in einer jahrelang aufgebauten Arbeitsstruktur liegen. Mitarbeiter sehen die gewonnene Sicherheit (aufgrund vertrauter Arbeit und Beziehungsgeflechte) durch Veränderungen gefährdet und richten sich daher auf einen Status quo ein.[35]

Ein entscheidender Grund für Innovationswiderstände kann darüber hinaus die *mangelnde Einsicht* für einen Veränderungsbedarf sein, z.B. wenn eine traditionelle Verhaltensweise in der Vergangenheit *erfolgreich* war.[36] Unternehmenshistorische Untersuchungen offenbaren, dass ökonomische *Erfolge* der Vergangenheit vielfach das größte Hindernis für organisatori-

---

[33] Vgl. Kieser, Alfred; Hegele, Cornelia (1998), S. 124.
[34] Vgl. Kieser, Alfred; Hegele, Cornelia (1998), S. 124; Staehle, Wolfgang H. (1999), S. 978.
[35] Vgl. Kieser, Alfred; Hegele, Cornelia (1998), S. 124; Vahs, Dietmar (1997), S. 19.
[36] Vgl. Kieser, Alfred; Hegele, Cornelia (1998), S. 124; Wersig, Gernot (1996), S. 104.

schen Wandel darstellen. Statt der Anpassung an neue Rahmenbedingungen halten Menschen an ehemals *erfolgreichen* Vorgehensweisen fest, ohne deren Eignung für neue Problemstellungen zu prüfen.[37] Die Folge wirtschaftlicher Erfolge ist daher eine verringerte Lernbereitschaft mit mangelndem Änderungswillen sowie Innovationsaversion, Sorglosigkeit und Erfolgsarroganz *(Modell der gelernten Sorglosigkeit)*.[38] *Perlitz-Löbler* vertritt in diesem Zusammenhang die These, dass wirtschaftlicher *Erfolg* die Innovationsbereitschaft verringert, wie auch umgekehrt eine Krise innovatorische Kräfte freisetzt.[39]

Des Weiteren kann Konservatismus durch Kindheit, Erziehung und Orientierung an Bezugspersonen vorgeprägt sein und zu einer Status quo Präferenz führen.[40] Weitere Gründe für Verhaltenswiderstände können im lückenhaften oder falschen Informationsstand der Mitarbeiter liegen. In diesem Fall kommen Informationen über Veränderungen zur falschen Zeit, überhaupt nicht oder nur unvollständig bei Mitarbeitern an. Aufgrund unbefriedigender Art und Weise des Beschlusses und der Durchführung von Veränderungen sowie auf Grund fehlender Arbeitsbereitschaft bei zusätzlichem Aufwand können darüber hinaus ebenfalls Innovationshemmnisse entstehen.[41] Letztlich können fehlendes Vertrauen zu den Initiatoren sowie mangelnde Möglichkeit zur aktiven Beteiligung an der Vorbereitung und Durchführung des Veränderungsprozesses als Grund für Verhaltenswiderstände angeführt werden.[42]

Empirische Untersuchungen zeigen, dass bestimmte *Persönlichkeitsmerkmale* einen tendenziell starken Widerstand gegen Wandel entgegenbringen. *Filley/House/Kerr*[43] identifizieren dabei Personen,

- die sich primär auf eigene Erfahrungen berufen,

- die an einen einzigen richtigen Weg glauben,

- die eine Risikoaversion dem Wandel gegenüber aufweisen,

- die ihre Arbeit sehr ernst nehmen,

---

[37] Vgl. Vahs, Dietmar (1997), S. 19.
[38] Vgl. Hauschildt, Jürgen; Salomo, Sören (2007), S. 192f.
[39] Vgl. Perlitz, Manfred; Löbler, Helge (1985), 424ff.
[40] Vgl. Hauschildt, Jürgen; Salomo, Sören (2007), S. 193.
[41] Vgl. Kieser, Alfred; Hegele, Cornelia (1998), S. 124.
[42] Vgl. Vahs, Dietmar (1997), S. 20.
[43] Vgl. Filley, Alan C.; House, Robert J.; Kerr, S. (1976).

- die Kontinuität und Stabilität anstreben.

3.1.2   Widerstände im Verhalten von Gruppen

Neben den individualpsychologischen Widerstandsursachen können Gruppenwiderstände existieren. Diese treten nach *Miner* vor allem bei einem ausgeprägten Zusammengehörigkeitsgefühl der Gruppenmitglieder oder bei einer negativen Einstellung des Gruppenführers gegenüber dem Wandel auf.[44] Vielfach finden individualpsychologische Widerstandsursachen eine Steigerung in eben diesen Gruppen, wie z.B. das „*Modell der gelernten Sorglosigkeit*"[45]. Zusätzlich existieren gruppenspezifische Einflüsse, durch die der Widerstand verstärkt wird. So passen sich Minderheiten in Gruppen der Mehrheit an, womit sie dafür sorgen, dass veraltete Meinungen, Einstellungen sowie Verhaltensweisen übernommen und verfestigt werden. Bei Äußerung abweichender Meinungen in *hochkohäsiven Gruppen* muss mit Ausschluss aus der Gruppe oder Druck gerechnet werden, der von der Mehrheit auf einen Abweichler ausgeübt wird, um ihm wieder Gruppenstandards aufzuzwingen. Dieser Innendruck kann unter Umständen dadurch verstärkt werden, dass Gruppen organisatorischen Wandel (Äußerer Druck auf die Gruppe) als Bedrohung ansehen und mit Beharrungstendenzen an erfolgreichen Verhaltensweisen sowie mit Innovationsaversion reagieren.[46]

Das sozialpsychologische Modell von *Janis* geht in diesem Zusammenhang davon aus, dass Gruppen nach *Übereinstimmung* streben („Groupthink")[47]. Die folgende Abbildung soll zunächst einen Überblick über Rahmenbedingungen und Konsequenzen dieses Phänomens geben.

---

[44] Vgl. Miner, John B. (1973), S. 268.
[45] Vgl. Hauschildt, Jürgen; Salomo, Sören (2007), S. 192; vgl. Kapitel 3.1.1.
[46] Vgl. Hauschildt, Jürgen; Salomo, Sören (2007), S. 196.
[47] Vgl. Janis, Irving L. (1982), S. 244ff.

Abbildung 2: Ursachen und Ausprägung von "Groupthink"[48]

Rahmenbedingungen	Phänomen	Konsequenzen
Hohe Gruppenkohäsion Strukturelle Mängel in der Organisation Provokativer Kontext	Streben nach Einmütigkeit „Groupthink"	Syndrome des Groupthink: Typ I: Selbstüberschätzung Typ II: Voreingenommenheit Typ III: Konformitätsdruck

Die Hauptursache für Streben nach Einmütigkeit in der Gruppe liegt in einer hohen „Gruppenkohäsion". Dieser Zusammenhalt der Gruppe kann aufgrund langer Zusammenarbeit, kollektiv erlebter Erfolge bzw. Misserfolge oder durch hohen Druck von Außen auf die Gruppe entstehen.[49]

Als zweite Voraussetzung für das Phänomen „Groupthink" bedarf es „struktureller Mängel" der Organisation, die sich wie folgt ausprägen können: die Gruppe im Unternehmen ist isoliert, die Fähigkeit zur unparteiischen Führung fehlt, Normen im Hinblick auf methodisches Vorgehen fehlen. Daneben sind die Ansichten und Ideologien der Mitglieder in Bezug auf ihren sozialen Hintergrund homogen.[50]

Letztlich ist ein provokativer Kontext für „Groupthink" verantwortlich. Darunter fallen Stress aufgrund externer Bedrohung bei zugleich geringer Hoffnung, bessere Lösungen als die des Gruppenführers zu finden, sowie ein geringes Selbstbewusstsein (z.B. aufgrund früherer Fehlschläge).[51]

---

[48] In Anlehnung an Janis, Irving L. (1982), S. 244.
[49] Vgl. Janis, Irving L. (1982), S. 245ff.
[50] Vgl. ebd., S. 245ff.
[51] Vgl. ebd., S. 245ff.

Aufgrund dieser Ursachen des Einmütigkeitsstrebens kommt es zu den Syndromen des „Groupthink", die durch drei verschiedene Typen kategorisiert werden können. Typ I (*Selbst-überschätzung*) beinhaltet dabei die Illusion der Verwundbarkeit und den Glauben an die ü-berlegene Moral der Gruppe. Typ II impliziert dagegen die *Voreingenommenheit*, die durch eine kollektive Rationalisierung sowie stereotype Verzerrung externer Gruppen ausprägt ist. Typ III (*Konformitätsdruck*) schließt dagegen Selbstzensur, Übereinstimmungsillusion, direk-ter Druck auf Abweichler sowie selbsternannte Moralhüter (s.o.) ein.[52]

Diese genannten Symptome des „Groupthink" sind mit ihren Auswirkungen innovations-hemmend, wenn sich in der Gruppe Widerstand formieren kann. Damit ist vor allem dann zu rechnen, wenn die Gruppe in der Vergangenheit gemeinschaftliche *Erfolge* erzielt hat und durch den ungewissen Ausgang der Innovation Ängste entstehen.[53]

Neben der dargestellten fehlenden Bereitschaft zum Wandel (Widerstände) können Innovati-onen auch durch fehlendes Anpassungsvermögen (Trägheit) gehemmt werden, wie sie nun in Kapitel 3.1.2 beschrieben werden.

3.1.3   Verhaltensträgheit

Innovationsmanagement fordert von Individuen und Gruppen die Fähigkeit zur Beherrschung und Anwendung neuer Innovationen, wie sie z.B. das Informationszeitalter mit der Einfüh-rung von IT und den damit verbunden neuen Anforderungen an Computersysteme und -programme hervorgebracht hat. Ist der Mensch nicht in der Lage, trotz besten Willens diese intellektuellen Anforderungen zu bewältigen, können daraus Verhaltensträgheiten gegen In-novationen entstehen.[54] Gründe für die individuelle Unfähigkeit zur Veränderung (Verhaltens-trägheit) sind vor allem in der fehlenden Flexibilität zum Wandel gegenwärtiger Wertvorstel-lungen bzw. Denk- oder Verhaltensweisen zu sehen. Dabei ist vielfach ein eher unbewusstes Festhalten an etablierten Denkmustern festzustellen, wodurch Innovationen verhindert wer-

[52] Vgl. ebd., S. 245ff.
[53] Vgl. Hauschildt, Jürgen; Salomo, Sören (2007), S. 197; vgl. dazu auch Kapitel 3.1.1.
[54] Vgl. Hauschildt, Jürgen; Salomo, Sören (2007), S. 190.

den, da bereits Entscheidungsalternativen nicht wahrgenommen werden. Darüber hinaus ist es möglich, dass trotz Existenz neuer Denkweisen das Verhalten bzw. die Abläufe in Unternehmen unverändert bleiben. Bei diesem Phänomen sind die Mitarbeiter zumeist trotzdem davon überzeugt, dass sich ihre Verhaltensweise verändert hat.[55]

3.2   Ursachen auf der Ebene von Organisationen

Nach der Betrachtung der Ursachen für Veränderungswiderstände auf der Ebene des menschlichen Verhaltens erfolgt nun in diesem Kapitel eine Ursachenanalyse auf Systemebene, um am Ende die Frage „Innovationshemmnis Mensch?" differenziert beantworten zu können.

3.2.1   Systemwiderstände

Zunächst liegen Ursachen für Widerstände auf der Systemebene nicht im unmittelbaren Verantwortungsbereich der Mitarbeiter, sondern sind im strukturellen Aufbau der Organisation zu suchen.[56] Ursachen für Systemwiderstände liegen dabei vielfach in einer fehlenden „strategischen (Neu-) Ausrichtung" des Unternehmens. Das Bestehen einer strategischen Orientierung ist dabei jedoch keine Garantie für eine schnelle und erfolgreiche Umsetzung des strategischen Wandels ohne Widerstände. Problematisch können zudem die unterschiedlichen Zielsetzungen der Initiatoren neuer Organisationskonzepte und der für die Reorganisation verantwortlichen Personen sein.[57]

Zwick nennt darüber hinaus den Einfluss der *Geschäftstrategie*[58] des Unternehmens als maßgeblich für Innovationswiderstände.[59] Innovationen sind dabei die Basis für diese Geschäfts-

---

[55] Vgl. Kieser, Alfred; Hegele, Cornelia (1998), S. 125f.
[56] Vgl. Kieser, Alfred; Hegele, Cornelia (1998), S. 123; Kollmann, Tobias (2004), S. 343.
[57] Vgl. Kieser, Alfred; Hegele, Cornelia (1998), S. 127.
[58] Vgl. Porter, Michael E. (1980).
[59] Vgl. Zwick, Thomas (2002), S. 358.

strategien, die es entweder ermöglichen die Kosten zu senken (Kostenführerschaft) oder der Organisation helfen, eine profitable Nische zu verschaffen (Diversifizierung/Nischenstrategie). Vor allem bei einer Niedrigkostenstrategie muss mit höheren Widerständen gerechnet werden, da aufgrund von Kosteneinsparungen, Outsourcing, und Reorganisation am Produktionsfaktor Arbeit gespart wird und dadurch die Innovation die Weiterbeschäftigung von Teilen des Personals gefährdet.[60]

Die Folge hoher zeitlicher Belastung des Personals und des Managements durch das Alltagsgeschäft kann ebenfalls zu Systemwiderständen führen. Bei begrenzten Ressourcen und ausgelasteten Personalkapazitäten nimmt daher die Bereitschaft für organisatorische Veränderungen ab, wenn diese zusätzlich zum laufenden Betrieb zu realisieren sind. Zeitliche Überlastung kann jedoch auch als Vorwand genutzt werden, einen Wandel nicht aktiv ausüben zu müssen.[61]

Widerstände auf Organisationsebene können darüber hinaus ebenfalls aufgrund mangelnder Machtstellung des Managements auftreten. Dies kann dann der Fall sein, wenn die Macht auf viele verschiedene Subsysteme (z.B. Gremien, Ausschüsse, Betriebsrat usw.) aufgeteilt ist und diese sich gegenseitig blockieren.[62] Letztlich muss mit Widerständen gerechnet werden, wenn Änderungsvorhaben in Konflikt mit ungeschriebenen, internen Unternehmensphilosophien stehen („Den Vorgesetzten zufrieden stellen", „Sich von der Masse abheben", „Vermeidung in Verbindung mit Fehlern gebracht zu werden").[63]

3.2.2   Systemträgheit

Im evolutionstheoretischen Kontext ist unter Systemträgheit (structural inertia) die mangelnde Fähigkeit von Unternehmen zu verstehen, sich fokussiert veränderten Umweltbedingungen anzupassen.[64] Aufgrund getroffener Entscheidungen in der Vergangenheit sind bestimmte

---

[60] Vgl. ebd., S. 358f.
[61] Vgl. Kieser, Alfred; Hegele, Cornelia (1998), S. 127.
[62] Vgl. Bleicher, Knut (1991), S. 771.
[63] Vgl. Scott-Morgan, Peter (1994).
[64] Vgl. Hannan, Michael T.; Freeman, John (1984), S. 149ff.

„Entwicklungskorridore" entstanden, die von Unternehmen kaum verlassen werden können, so dass die Wandlungsfähigkeit beeinträchtigt wird, bzw. Innovationsbedarfe verspätet identifiziert werden.[65] Auslösende Entscheidungen für Unternehmensträgheiten sind nach *Hannan/Freeman* bspw. hohe Investitionen von Organisationen in ein neues Informationssystem, in der spezielle Software in hohem Grad auf das bestehende Unternehmen und die entsprechenden Geschäftsbereiche ausgerichtet ist.[66] Daneben handeln Unternehmen bei in der Vergangenheit liegenden Investitionen (z.B. in Maschinen, Gebäude oder Qualifizierung des Personals) häufig konträr zu der Theorie der „sunk costs"[67]. Dabei wird am Status quo festgehalten, an den man sich gebunden fühlt, selbst wenn notwendige Veränderungen für die zukünftige Wettbewerbsfähigkeit unerlässlich sind. Zudem kann ein radikaler Strukturwandel innerpolitische Veränderungen hervorrufen, auf die einflussreiche Akteure mit Widerstand reagieren.[68]

Innovationen mit dem Ziel der Effizienzerhöhung von Arbeitsleistung und Produktivität führen zudem schnell zur Erhöhung von Arbeitsvorschriften bzw. zur Erhöhung des Arbeitsaufwands des Personals.[69] Da es schwieriger zu belegen ist, dass der *Nutzen einer Innovation* höher ist, als der damit verbundene *Mehraufwand*, ist es prinzipiell bequemer, den Status quo vor dem Neuen vorzuziehen. Dabei kann das vorhandene *Anreiz- und Führungssystem* eine Rolle für Unternehmensträgheiten spielen, wenn eine Diskrepanz zwischen dem Innovationsziel und dem Entlohnungsmodell bzw. der Karrieremöglichkeit besteht (z.B. Gehalt wird nicht der Arbeitsleistung angepasst).[70]

Ursachen für Unternehmensträgheit liegen oft auch in der Übereinstimmung der Mitarbeiter mit der *Unternehmenskultur* (Werte, Normen, Einstellungen und Ideale). Dabei sind die Ausprägungen der Unternehmenskultur durch Individuen kaum zu ändern, da es zumeist eines Mehrheitsentscheids bedarf. Daneben ist die *Eigenkomplexität* der Organisationen von Bedeutung. Dabei nimmt die Trägheit in Unternehmen proportional mit der Komplexität und den Interdependenzen von Strukturen, Abläufen oder technischen Systemen zu. Bei hohen Wech-

---

[65] Vgl. Ortmann et al (1990), S. 412.
[66] Vgl. Hannan, Michael T.; Freeman, John (1984), S. 149ff.
[67] Anmerkung: Die Theorie der „sunk costs" besagt, dass „versunkene Kosten" für Entscheidungen in der Zukunft irrelevant sein sollten. Vgl. Hungenberg, Harald (2004), S. 383.
[68] Vgl. Hannan, Michael T.; Freeman, John (1984), S. 149ff.
[69] Vgl. Zwick, Thomas (2002), S. 359.
[70] Vgl. Kieser, Alfred; Hegele, Cornelia (1998), S. 129.

selwirkungen haben daher Veränderungen in einem Teilbereich Konsequenzen in anderen Bereichen.[71]

Schließlich können weitere Ursachen für Systemträgheit im *fehlenden Know-how* des Unternehmens, Veränderungsprozesse umzusetzen bzw. in der Ablehnung von Verantwortlichkeit und Zuständigkeit für die innovative Entwicklung liegen.[72]

3.3   Unternehmensexterne Ursachen

Neben den unternehmensinternen Ursachen existieren auch externe Gründe für Innovationswiderstände. Von externen Einflüssen kann gesprochen werden, wenn Gründe für Beharrungstendenzen nicht direkt aus Entscheidungen des Unternehmens resultieren. Vor dem Hintergrund sich verbreitender Informations- und Kommunikationstechnologien begrenzen *„gesetzliche Rahmenbedingungen"* (z.b. das Arbeitsrecht) die erforderliche Flexibilität junger Unternehmen vor allem in der Net Economy.

Krisen kann nicht immer schnell genug mit Personalabbau begegnet werden und darüber hinaus schränkt das *„vorhandene Technikangebot"* dazu die Möglichkeiten ein, den angestrebten Wandel zu vollziehen. Dies liegt vor allem daran, dass sich vorhandene technische Lösungen meist an bestehende Organisationsstrukturen orientieren und Anbieter sich zunächst durch entsprechende Hard- und Software auf die Innovation einstellen müssen.

Zudem können gesellschaftliche *„Einstellungen, Normen und Werte"* die Entwicklungsmöglichkeit von Unternehmen durch Widerstände behindern. Hierbei sind die in einer Gesellschaft existierenden Vorstellungen über die Attraktivität des Arbeitsplatzes und die Akzeptanz gegenüber neuen Technologien zu nennen.

Letztlich kann die Wandlungsbereitschaft bzw. der *„Einfluss externer Ressourcengeber"* Ursache für organisatorischen Konservatismus sein. Kapitalgeber (z.B. Eigentümer, Banken,

---

[71] Vgl. Kieser, Alfred; Hegele, Cornelia (1998), S. 130; Staehle, Wolfgang H. (1999), S. 978.
[72] Vgl. Kieser, Alfred; Hegele, Cornelia (1998), S. 130.

etc.) verfügen zumeist durch ihre Beteiligung über einen Einfluss auf Unternehmensentscheidungen und damit auf den organisatorischen Wandel.[73]

4 Lösungsansätze zur Überwindung von Innovationshemmnissen

Zum Umgang mit Trägheiten und Widerständen des organisatorischen Wandels existieren in der Literatur[74] eine Vielzahl an verschiedenen Methoden und Handlungsempfehlungen.[75] Dabei lässt sich vielfach ein Konsens darüber finden, dass die Verhaltensebene („Nicht wollen bzw. nicht können") eng verbunden ist mit der Systemebene („ineffiziente Strukturen und Abläufe"). Neben der strukturellen Neugestaltung des Unternehmens muss daher besonders eine Veränderung von Verhalten und Einstellung des Personals erreicht werden.[76]

4.1 Information und Kommunikation

Vor allem in Zeiten vermehrten Wandels (Ausprägung des Informationszeitalters), gewinnt die Information bzw. Kommunikation einen hohen Stellenwert.[77] Personen, die vom Wandel betroffen sind, sollen dabei zunächst im Voraus über die Ursache der Veränderung und dessen Notwendigkeit informiert werden. Ziel ist es, individuelle Unsicherheiten abzubauen und eine Veränderungsakzeptanz zu erreichen.[78] Dies kann durch einen offenen Informationsaustausch

---

[73] Vgl. Kieser, Alfred; Hegele, Cornelia (1998), S. 132; Kollmann, Tobias (2004), S. 344.
[74] Anmerkung: Dies betrifft vor allem Literatur aus dem Bereich des „Change Managements"
[75] 1. Anmerkung: Widerstände können auch als ein Warnsignal für Fehlentwicklungen in einem Unternehmen interpretiert werden. Vgl. Staehle, Wolfgang H. (1999), S. 980; Vgl. Kapitel 2.2.; 2. Anmerkung: Eine Aufstellung verschiedener Lösungsansätze ist zu finden bei Staehle, Wolfgang H. (1999), S. 981.
[76] Vgl. Vahs, Dietmar (1997), S. 21ff.
[77] Vgl. Brehm, C. (2000), S. 261ff.
[78] Vgl. Hungenberg, Harald (2004), S. 385f.

erreicht werden, der Gefahren und Chancen des Wandels aufzeigt und dadurch ein „Klima des Vertrauens" schafft.[79]

Die Wahl der richtigen Informations- bzw. Kommunikationsmedien ist vor dem Hintergrund der Vermeidung von Widerständen ebenfalls von hoher Bedeutung. Dabei ist die Kommunikation bei einem komplexen und radikalen Wandel dann effektiv, wenn ein direkter und persönlicher Dialog stattfindet. Bei minimalen Veränderungen reicht dagegen ein unpersönliches Rundschreiben (z.B. Email) aus.[80] Positive Einflüsse auf die Kommunikation können sich z.B. durch die *Beteiligung am Veränderungsprozess*[81] der vom Wandel betroffenen Mitarbeiter ergeben. Dabei können diese Beschäftigten auf ihren entsprechenden „Hierarchieebenen" besonders vertrauenswürdig wirken und über *Feedback* dazu beitragen, den Initiatoren des Wandels über entstehende Widerstände zu informieren.[82]

4.2   Motivation der vom Wandel Betroffenen

Die Kenntnis und die Einsicht über Notwendigkeiten struktureller Veränderungen sind unabdingbar für die Bereitschaft der Mitarbeiter, Wandel aktiv zu unterstützen. Dabei kann die Informations- und Kommunikationsstrategie bereits einen großen Beitrag für die *Motivation* der Beschäftigten liefern. Dies kann z.B. durch „*Visionen und Leitbilder*"[83] erfolgen, die einen attraktiven Zustand der „zukünftigen Unternehmensentwicklung" propagieren.[84]

Zusätzlich sind „*Anreizsysteme*"[85] von hoher Bedeutung, die sich motivierend auf Mitarbeiter auswirken sollen, die um den Erfolg der Innovationsumsetzung bestrebt sind. Dagegen ist es bei Resistenzen der Veränderung nötig, Mitarbeitern Anreize zu entziehen und sie ggf. zu bestrafen. Personal orientiert sich zudem am Verhalten des Managements, von dem ebenfalls eine Motivationswirkung ausgeht. Führungspersonen sollten daher den organisatorischen

---

[79] Vgl. Staehle, Wolfgang H. (1999), S. 981; Vahs, Dietmar (1997), S. 23.
[80] Vgl. Lengel, R.; Draft, R. (1988), S. 225ff.
[81] Anmerkung: Eine genauere Betrachtung erfolgt in Kapitel 4.3.
[82] Vgl. Hungenberg, Harald (2004), S. 386.
[83] Vgl. Staehle, Wolfgang H. (1999), S. 981.
[84] Vgl. Hungenberg, Harald (2004), S. 386.
[85] Anmerkung: Dies stellt ein Belohnungssystem dar, welches z.B. finanzieller Art sein kann.

Wandel selbst unterstützen und sich zu diesem bekennen. Dabei führen unkonkrete und vieldeutige „Aussagen des Managements" zu Skepsis vor Veränderungsbedarfen bzw. Misstrauen gegenüber neuen Innovationen.[86]

4.3 Qualifizierung des Personals

Die vorgenannten Lösungsansätze tragen dazu bei, Widerstände im Verhalten von Individuen bzw. Gruppen zu überwinden (Nicht Wollen). Jedoch kann es vorkommen, dass Menschen trotz besten Informationsstands bzw. trotz vorhandener Motivation nicht in der Lage sind, ihr Verhalten neuen Anforderungen anzupassen (Nicht Können).[87] Aus diesem Grund sind Maßnahmen der Qualifizierung (z.B. Schulungen etc.) ein essentieller Faktor für die erfolgreiche Unternehmensentwicklung. Die Vermittlung von neuen Kompetenzen kann dabei auf zwei Wegen erfolgen. Kompetenzen der Mitarbeiter können am Arbeitsplatz in Kombination mit der Ausführung von Aufgaben („On the job") oder „Off the job", d.h. ungebunden vom Arbeitsplatz vermittelt werden (z.B. durch E-Learning[88]). Eine Verknüpfung beider Formen der Qualifikation ist dabei am effektivsten.

Zudem kann eine weitere Qualifizierungsmaßnahme in „Job Rotation"[89] gesehen werden. Mitarbeiter, die über relevante Qualifikationen hinsichtlich der Bewältigung des Wandels verfügen, können dabei systematisch in Bereiche des Unternehmens versetzt werden, in denen diese Kompetenzen noch unterrepräsentiert sind. Aufgrund der Unterstützung (s.u.) der Wechselnden beim Veränderungsprozess „on the job" und aufgrund ihrer Vorbildsfunktion, qualifizieren sich Personen im aufnehmenden Bereich sowie die Wechselnden selbst.[90] Weitere Aspekte zur Qualifikation des Personals bzw. des Managements sowie zur Überwindung

---

[86] Vgl. Hungenberg, Harald (2004), S. 387.
[87] Vgl. Kapitel 3.1.3: Verhaltensträgheit.
[88] Anmerkung: Qualifizierungsmaßnahmen, die über elektronisch gestützte Medien erfolgen können.
[89] Anmerkung: Damit ist ein geplanter Arbeitsplatzwechsel gemeint, vgl. Hungenberg, Harald (2004), S. 388.
[90] Vgl. Hungenberg, Harald (2004), S. 388.

eingefahrener Verhaltensweisen, lassen sich unter dem Begriff „*Organisatorisches Lernen*"[91] finden.

4.4   Partizipation und Arbeitsteilung

In der Literatur zum Themenbereich „Beteiligung" existiert eine weitgehende Einigkeit darüber, dass die Einbindung der Mitarbeiter in die Unternehmensentwicklung einen wichtigen Faktor zur Überwindung von Innovationshemmnissen darstellt.[92] Durch Beteiligung soll das Fachwissen der Mitarbeiter genutzt bzw. eine Änderungsbereitschaft durch Vertrauen erzeugt werden.[93]

Werden Mitarbeiter am Wandel beteiligt, hängt die Effizienz davon ab, inwiefern Mitarbeiter neben dem „Alltagsgeschäft" freie zeitliche Kapazitäten für die Beteiligung aufbringen können. Zudem ist organisatorischer Wandel zumeist sehr umfangreich und komplex, so dass es bei der Beteiligung *qualifizierter Mitarbeiter*[94] bedarf. Zusammen mit „Experten" sind sie für den positiven Abschluss der Veränderungsmaßnahme verantwortlich.[95]

Witte spricht in diesem Zusammenhang von „Promotoren"[96], die durch gezielte *Arbeitsteilung* Innovationen trotz Widerstände „aktiv und intensiv fördern". Zum einen existiert der „*Fachpromoter*", der durch „objektspezifisches Fachwissen" und durch kontinuierliche Verbesserung eigener Qualifikationen effektiv Resistenzen des „Nicht-Wissens"[97] bekämpfen kann.[98] Im Gegensatz dazu kann von „*Machtpromotor*" gesprochen werden, wenn eine Person über hohes „hierarchisches Potential" verfügt (z.B. als Vorstandsmitglied) und dadurch in der Lage ist, Widerstände des „Nicht-Wollens"[99] zu blockieren. Dies kann durch Sanktionen der Oppo-

---

[91] Vgl. Argyris, Chris; Schön, Donald, A. (1978/1996).
[92] Vgl. u.a. Staehle, Wolfgang H. (1999), S. 981; Vahs, Dietmar (1997), S. 21ff.
[93] Vgl. Kieser, Alfred; Hegele, Cornelia (1998), S. 218; vgl. Kollmann, Tobias (2004), S. 344.
[94] Vgl. Kapitel 4.3.
[95] Vgl. Kieser, Alfred; Hegele, Cornelia (1998), S. 226.
[96] Vgl. Witte, Eberhard (1973): Promotoren-Modell.
[97] Anmerkung: Gemeint ist hier Verhaltensträgheit; vgl. Kapitel 3.1.3.
[98] Vgl. Witte, Eberhard (1973), S. 18; vgl. Hauschildt/Gemünden (1998): S. 16.
[99] Anmerkung: Gemeint sind hier Verhaltenswiderstände; vgl. Kapitel 3.1.1 bzw. 3.1.2.

nenten erfolgen oder durch Anreizsysteme sowie durch aktive Kommunikation mit den Beteiligten.[100]

Empirische Untersuchungen konnten belegen, dass ca. 80% der Innovationsprozesse durch Einwirkung von Promotoren zustande kamen.[101] Trotzdem neigt die Praxis dagegen oftmals zu radikalen und schlagartigen Veränderungen unter Vermeidung der Mitsprache der Betroffenen („Bombenwurfstrategie"[102]).[103]

Die genannten Lösungsansätze zur Überwindung von Veränderungswiderständen sind eng miteinander verflochten.[104] Der Ansatz der Partizipation und Arbeitsteilung kann daher als Informations- und Kommunikations-, sowie Motivations- und Qualifikationsleistung gesehen werden.[105]

5   Fazit und Schlussbetrachtung

Kennzeichen für das Informationszeitalter ist die wachsende Bedeutung von innovativen Informationstechnologien. Digitalisierung und Vernetzung führen dabei zu erheblichen Veränderungen der Kommunikations- und Informationslandschaft. Die enorme Geschwindigkeit und Komplexität mit der diese Entwicklung zunimmt, bedeutet jedoch ebenfalls einen organisatorischen Wandel der Unternehmensstruktur sowie einen vermehrten Anpassungsbedarf der Mitarbeiter. Durch Festhalten am Status quo, stoßen Innovationen bzw. Veränderungen dabei vielfach auf Widerstände und Trägheiten.

Die vorliegende Arbeit ging in diesem Kontext der Frage nach, worin die Ursachen von Veränderungswiderständen liegen und welche Lösungsansätze zur Überwindung dieser Widerstände existieren. Dabei konnte gezeigt werden, dass Innovationshemmnisse nicht nur im

---

[100] Vgl. Witte, Eberhard (1973), S. 17; vgl. Hauschildt/Gemünden (1998): S. 17f.
[101] Vgl. Witte, Eberhrad (1976), S. 322.
[102] Vgl. Bamberger, Ingolf; Wrona, Thomas (2004), S. 448.
[103] Vgl. Kirsch et al. (1978), S. 247ff., 394ff. Anmerkung: Die empirische Untersuchung steht in Diskrepanz zu der allgemein verbreiteten These der kontinuierlich, evolutionären UE zur Minimierung der Resistenzen gegen Veränderungen; vgl. u.a. Staehle, Wolfgang H. (1999), S. 981; Vahs, Dietmar (1997), S. 21ff.
[104] Vgl. Kapitel 4.1. - 4.4.
[105] Vgl. Kieser, Alfred; Hegele, Cornelia (1998), S. 232ff.

menschlichen Verhalten zu finden sind, sondern auch in Systemeigenschaften sowie durch externe Einflüsse begründet sein können. Ebenfalls wurde deutlich gemacht, dass Widerstände auch als Warnsignal für (subjektiv) negative Unternehmensentwicklungen interpretiert werden können und in dem Fall positiv zu bewerten sind.

Im Rahmen der Lösungsansätze wurde dargelegt, dass es neben der strukturellen Neugestaltung des Unternehmens vor allem eine Veränderung von Verhalten und Einstellung der Mitarbeiter zur Überwindung von Innovationshemmnissen bedarf.

Durch Kombination von „Information und Kommunikation" sowie „Motivation" und „Qualifizierung" sind die ohnehin interdependenten Ansätze für die Überwindung von Veränderungswiderständen am zweckmäßigsten. Dies gilt ebenfalls für den Lösungsansatz der „Partizipation und Arbeitstellung", da dieser die oben genannten Aspekte in sich vereint. Für die verbesserte Umsetzung von Innovationen bzw. Veränderungsprozessen, sollte daher die Mitarbeiterbeteiligung sowie die Arbeitsteilung in der Praxis vermehrt eingesetzt werden.

Literaturverzeichnis

Argyris, Chris; Schön, Donald, A. (1978): Organizational Learning. A theory of action perspective. Reading, MA.

Argyris, Chris; Schön, Donald, A. (1996): Organizational Learning II: Theory, method, and practice. Reading, MA.

Bamberger, Ingolf; Wrona, Thomas (2004): Strategische Unternehmensführung, München.

Bleicher, Knut (1991): Organisation: Strategien – Strukturen – Kulturen, Wiesbaden.

Brehm, C. (2000): Kommunikation im Unternehmenswandel, In: Excellence in Change, Wiesbaden, S. 261ff.

Cacaci, Arnaldo (2006): Change Management - Widerstände gegen Wandel. Plädoyer für ein System der Prävention, Wiesbaden.

Filley, Alan C.; House, Robert J.; Kerr, S. (1976): Managerial process and organizational behavior, Glenview, IL, USA.

Hauschildt, Jürgen; Gemünden, Hans G. (1998): Promotoren. Champions der Innovation, Wiesbaden.

Hauschildt, Jürgen; Salomo, Sören (2007): Innovationsmanagement, München.

Hannan, Michael T.; Freeman, John (1984): Structural Inertia and Organizational Change, in: ASR, Nr. 2, Jg. 49, 149-164.

Hungenberg, Harald (2004): Strategisches Management in Unternehmen, Wiesbaden.

Janis, Irving L. (1982): Groupthink – Psychological Studies of Policy Decisions and Fiascoes, Boston.

Kieser, Alfred; Hegele Cornelia; Klimmer Matthias (1998): Kommunikation im organisatorischen Wandel, Stuttgart.

Kirsch, W.; Esser, W.; Gabele, E. (1978): Reorganisation – theoretische Perspektive des geplanten organisatorischen Wandels, München.

Klöter, Ralf (1977): Opponenten im organisationalen Beschaffungsprozess, Wiesbaden.

Kollmann, Tobias (2001): Virtuelle Marktplätze: Grundlagen – Management – Fallstudie, München.

Kollmann, Tobias (2004): E-Venture. Grundlagen der Unternehmensgründung in der Net E-conomy, Wiesbaden.

Lengel, R.; Draft, R. (1988): The selection of communication media as an effective skill, in: The academy of management excecutive, 2. Jg., Nr. 3, S.225ff.

Miner, John B. (1973): The management process: Theory, research, and practice, New York etc.

Nefiodow, Leo A. (1991): Der fünfte Kondratieff. Strategien zum Strukturwandel in Wirtschaft und Gesellschaft, Wiesbaden.

Nieder, Peter; Zimmermann, Egon (1992): Innovationshemmnisse in Unternehmen, in: Betriebswirtschaftliche Forschung und Praxis, Heft: 4, S. 374-387.

O'Connor, Carol A. (1993): Resistance: The Repercussions of Change, in: Leadership & Organization Development Journal, Vol. 14, Nr. 6, S. 30-36.

Ortmann, Günther; Windeler, Arnold; Becker, Albrecht (1990): Computer und Macht und Organisationen. Mikropolitische Analysen, Opladen.

Österle, Hubert; Winter, Robert (2000): Business Engineering. Auf dem Weg zum Unternehmen des Informationszeitalters, Berlin.

Perlitz, Manfred; Löbler, Helge (1985): Brauchen Unternehmen zum innovieren Krisen?, in: Zeitschrift für Betriebswirtschaft, Jg. 55, S. 424 450.

Porter, Michael E. (1980): Competitive strategy. Techniques for analyzing industries and competitors, New York.

Recardo, Ronald J. (1995): Overcoming Resistance to Change, in: National Productivity Review, Heft 14, Ausg. 2, S. 5-12.

Schumpeter, Joseph A. (1939): Konjunkturzyklen. Eine theoretische, historische und statistische Analyse des kapitalistischen Prozesses, New York.

Scott-Morgan, Peter (1994): Die heimlichen Spielregeln. Die Macht der ungeschriebenen Gesetze im Unternehmen, Frankfurt/New York.

Staehle, Wolfgang H. (1999): Management. Eine verhaltenswissenschaftliche Perspektive, München.

Szmigin, Isabelle; Foxall, Gordan (1998): Three forms of Innovation resistance: the case of retail payment methods, in: Technovation, Jg. 18, Heft: 6/7, Oxford, S. 459-468.

Vahs, Dietmar (1997). Unternehmenswandel und Widerstand. In: IO Management, Heft: 12, Zürich, S. 18-24.

Wersig, Gernot (1996): Die Komplexität der Informationsgesellschaft, Konstanz.

Wirtz, Bernd W. (2000): Electronic Business, Wiesbaden.

Witte, Eberhard (1973): Organisation für Innovationsentscheidungen: Das Promotoren-Modell, Göttingen.

Witte, Eberhard (1976): Kraft und Gegenkraft im Entscheidungsprozess, in: Zeitschrift für Betriebswirtschaft, Jg. 46, Heft 4/5, S. 319-326.

Zwick, Thomas (2001): Wann sträuben sich Mitarbeiter gegen Innovationen? In: Personal, Heft: 01.06, Köln, S. 358-360.

www.ingramcontent.com/pod-product-compliance
Lightning Source LLC
LaVergne TN
LVHW092353060326
832902LV00008B/1000